eaux doubles

© 2025, Marissa Brugallé
© Calligraphie intérieure : Marissa Brugallé
Couverture réalisée avec Canva.
Photographie : Marissa Brugallé
Correction : Brigitte Grumel

Instagram : @marissanjb
Panodyssey : Marissa Brugallé

Tous droits réservés.
En application de l'art. L.137-2.-I. du code de la propriété intellectuelle, toute reproduction et/ou divulgation de parties de l'œuvre dépassant le volume prévu par la loi est expressément interdite.
Édition : BoD · Books on Demand, 31 avenue Saint-Rémy, 57600 Forbach, bod@bod.fr
Impression : Libri Plureos GmbH, Friedensallee 273, 22763 Hamburg (Allemagne)

ISBN : 978-2-3225-7160-4
Dépôt légal : Avril 2025

marissa brugallé

eau*x d*oubles

Poèmes

ma bouteille à la mer

Voler haut,
là où les insécurités alentours ne m'atteignent pas.

Voler loin,
plus loin que ma cage mentale, je ne sais pas combien nous sommes à y avoir mis des barreaux, j'ai longtemps choisi de les renforcer ; au travers, je me glisse désormais.

Voler ailleurs,
dans cet ailleurs où ne prospère plus
que tout ce que je représente.

Et dans l'eau,
jeter ce qui a été,
accepter ce qui est
et conquérir ce qui sera.

« Ainsi, toujours poussés vers de nouveaux rivages,
Dans la nuit éternelle emportés sans retour,
Ne pourrons-nous jamais sur l'océan des âges
Jeter l'ancre un seul jour ? »

« Le Lac », Alphonse de Lamartine

« Alors jusqu'à l'aurore, l'oiseau cherchait du réconfort
Angoissé par ses questions, il souffrait d'abandon »

« Cygne », Loïc Nottet

SOMMAIRE

rivières – *immersions*...................... 11
fleuves – *submersions*................... 49
la mer – *purification*..................... 91
le confluent - *au double*............. 131

rivières   *immersions*

*on parle
de premiers pas dans l'eau
comme si on allait forcément quelque part
qu'il y avait un itinéraire de l'eau
un code de la flotte
et sans doute en existe-il un
la voie de l'eau
dans les miennes, pas de capitaine
mes eaux ne sont qu'inondations
raz-de-marée, torrents, tempêtes et submersions
je les reçois du ciel
puis elles sévissent en moi-même
le déluge, l'inévitable*

*entre les vagues
je m'immerge*

quand tout aura fini de couler
du ciel
de mes yeux
de mes seins
d'entre mes cuisses
et de mes mains
alors je saurai
qu'en tout
je n'ai véritablement aimé qu'une fois

avec une incompréhension prégnante
je me construis en division
jamais d'accord sur rien
perpétuellement en train de chercher
mes valeurs
chez les *autres*
je fais régner des personnalités discordantes
qui sont *autres*
au fil de mes humeurs
des gens que je croise
je les transporte avec moi
et les fais parler lorsque j'en croise d'*autres*
à qui je subtilise encore
bien d'*autres* choses
et moi
je me perds au milieu de leurs voix
je me perds
indisposée à être la vraie moi

l'apprentissage d'une décennie
dominer ses larmes
se forcer
à ne pas les laisser perdurer
s'entraîner
à limiter les sons
appréhender
leur arrivée
et dans ce contrôle spartiate
cette réalisation

si les sanglots devaient être muets
cela se saurait

des rives foisonnent
au bord de mes cils
et il s'échoue soudain sur mes joues
les résidus de tout ce que je ne sais exprimer

tous mes moyens pour accéder au sommeil
se font par le biais de cette playlist
où se confondent

        des cœurs brisés
        des chagrins lacérés
        des voix pleurantes

qui ne chantent pas
qui appellent à l'aide
et je me cherche une déception amoureuse
que je n'ai pas vécue

la course aux degrés
pour m'approcher d'une température
capable de faire fondre
le glacier proéminent
érigé entre moi
et les garçons

même si je ne les aime pas
je ne les déteste pas
je n'en pense juste rien
nos chemins se sont croisés
effleurés
parce qu'on ne s'est pas réellement touché
pour *se toucher*
il faut continuer de s'aimer
même de loin

même si c'est
de moins en moins
mais de vous
je le rappelle
je ne pense rien
j'ai été là
et vous aussi
plus rien ne pourrait nous rapprocher
rien
ne nous a initialement liés

C'EST LE POUVOIR

DU VENT

faire chanter
les vagues

j'ai bercé
des parts de moi
avec la brutalité compatissante
des mères
qui aiment leurs enfants
mais qui ne savent pas
comment leur venir en aide

sur les îles
j'ai échoué sur des toiles
que je n'ai visitées
dans aucun musée

j'ai rejoint l'étang autant de fois qu'il le fallait
plusieurs fois par semaine
plusieurs fois par jour
beaucoup plus de fois *dans ma tête*
l'étang de ce village
je m'y rendais dans l'urgence
dans l'empressement d'une émotion oppressante

> *l'eau me comprendra*
> *l'eau entendra l'impossible*
> *l'eau saura recueillir l'invisible*

alors seule
je rejoignais l'étang
suivait le sentier dessiné
je marchais pour fuir
m'asseyais
pour finir de ressentir
et je transférais à l'eau
la misère adolescente

> *parfois je brûle*
> *il me faut l'extrême*
> *de quoi éteindre*
> *ou contenir*
> *l'Incendie*
> *en prévoyance*
> *du prochain*

tomber amoureux
paraît toujours une peine
amoindrie par le sentiment roi
jusqu'à ce que je comprenne
que tomber ne m'a jamais intéressée
moi je fonds dans la personne
j'en suis
l'essence
je ne tombe nulle part
je regarde toujours où je marche
et je marche à l'instinct

tester la température de l'eau
de la même façon que l'on teste
des yeux
que l'on va tolérer un soir
parce que ça occupe
parce que la situation émotionnelle
demande réparation
je ne sais pas encore l'opérer en moi-même

j'agis avec modération
avant les actions
survient la salutaire réflexion
la couleur, le poids
la texture et l'écho
du lendemain à assumer
ça bat plus fort
qu'un ersatz de réconfort

lorsque je sors
ils me regardent
comme si sortir signifiait être disponible au vice
au vide
de conversations incendiées

de quel prénom vais-je encore détester me souvenir
je n'en demanderai pas
et je rentrerai seule
que vaut une compagnie qui me divise
je resterai seule
à tester la température de l'eau du bain
à texter mes proches
à boire du thé
à la mangue séchée
à ton miel

milieu d'après-midi
dans l'enceinte du lycée
près des marguerites et des boutons d'or
j'écris sur des fleurs
et tous les moyens qui peuvent les faire faner

pendant des heures
il m'est arrivé d'observer l'oiseau
souvent seul, parfois accompagné d'un autre
sur moi, l'oiseau opérait une hypnose
l'oiseau appelait *à la métamorphose*
ses signes sur l'eau
sa manière d'accaparer le monde
comme s'il en était l'Unique résident
tenait de l'extraordinaire
et il revenait à l'autre oiseau
inlassablement

pendant ces heures
une tranquillité glissait en moi
je ne l'ai jamais crainte
ne l'ai jamais dépeinte
autrement que dans cette grâce naturelle
ce blanc apaisant
ce sublime immanent

personne n'a jamais entendu mon attrait pour l'oiseau
à six ans
on aime les lions, les chiens et les chevaux
on n'adore pas
un oiseau qu'on ne sait pas orthographier
je ne l'expliquais pas, ne le défendais pas vraiment
timide d'origine
j'éludais mon attrait
je disais

je le trouve beau

je disais

c'est un bel oiseau

j'ai attendu de retrouver l'oiseau
partout
où j'approchais des eaux
il arrivait comme une apparition
comme *une annonciation*
sa venue, il fallait la choyer
la reconnaître et s'en délecter
en grandissant
j'ai oublié que je l'aimais
et je m'en suis voulu
de ne pas avoir considéré ses plumes
là où elles ont toujours
dissipé l'écume

les mains à la pâte
je crois que je me suis formée toute seule
à la recette universelle du monde
copier les autres
pour copier
j'étais douée
me persuadais que c'était de l'inspiration
uniquement ça
pour copier
j'étais disciplinée
m'intimais sans relâche
qu'un modèle à suivre existe
que ce modèle respire la vérité
ces autres
ils arrivent tous au même chemin
en traversant les mêmes étapes
je recopie
pour copier
j'étais obsessionnelle
comment mieux faire
où sont les astuces
le chemin de la conformité -*ma zone de sécurité*
j'ai à cœur de m'y précipiter
j'ai tellement peur de montrer celle que je suis
tellement honte d'admettre que je la fuis
je respecte donc docilement
le parcours de la recette inviolée
que l'on s'approprie pour ressembler aux autres
s'intégrer aux corps
pour chercher à se confondre
dans un ensemble
où personne ne se tient la main

personne
ne s'arme jamais délibérément de larmes
quand les mots frappent
sans prévenir

j'ai un faible
pour les manifestations d'amour
les mains qui en public
vont en privé
les regards qui en disent
l o n g
le temps
qui ne se quantifie plus que dans un visage
sur lequel défile le soleil
les baisers aromatisés
aux fruits de la passion
de langues qui s'apprivoisent
dans un espace
qu'elles sont les seules à pouvoir partager

je n'ai prié aucun sauveur
si ce n'est cette femme qu'un jour
je savais que j'incarnerai
j'ai un compteur d'heures embué de larmes
pléthore de maux avalés -*surconsommés*
et rappelés à moi-même
pour m'en nourrir
pour ne jamais oublier

j'ai commandé des larmes à cette femme
pour me libérer
une femme en moi-même
qui ne me parlait pas encore
mais que je sentais ardemment
et avec laquelle
je rêvais de converser prochainement
je la sentais pulser
s'emparer des tracas, détourner le trépas
patiemment
je l'ai demandée
je la voulais avant la ménarche
avant le baiser volé
avant les premiers touchers
tous les touchers
pour qu'elle m'induise en voies de lumière
rien qu'elle
personne d'autre que cette femme apaisée
solide, résiliente, *confiante*

cette femme
parfumée d'épreuves
qu'elle porte au bord du cou
en un collier de perles ramassé
sur les rives des chagrins qu'elle aura surmontés

j'avançais dans l'âge
comme on joue au colin-maillard
dans l'excitation
dans la surprise
dans l'aveuglement

DANS QUEL
FLEUVE FAUT-IL
SE BAIGNER
POUR REJOINDRE
SA
mer

auquel d'entre eux
aurais-je pu faire *sincèrement*
confiance
on m'a tout donné très vite
donné
dans l'ordre de ce qui se touche
nullement ce qui se ressent
c'est donc rapidement
que j'ai voulu m'assurer qu'un cœur battait
derrière un torse
qui accueille volontiers une joue
une poitrine
sans réussir à traduire autre chose
que des compliments
déjà récités avant

il y a toujours un peu d'eau dans nos yeux
des larmes joueuses
qui se cachent
au rappel
de la promesse faite à l'enfant

arrête de pleurer

en plein milieu de la soirée
ou pour ne rien vous cacher
quelques minutes avant que les alcools
ne fassent leurs premiers effets
la musique devient plus profonde
les respirations s'embrasent
je pense à quelqu'un d'autre

que la personne à côté de moi

je hoche la tête
mais je ne retiens rien
parce que j'étudie tout ce que je ne retrouve pas
je note les différences
tout ce qu'il n'a pas
ou qu'il a *de trop*
au fond de moi ça dégringole
je hoche la tête par politesse
mais comment m'intéresser à lui
ça me demande un effort
de feindre de l'attention
parce que réellement
j'aimerais lui trouver de quoi me captiver
si ce n'est pas physiquement
j'essaie de laisser une chance
à son esprit

mais nos esprits tardent à se rencontrer
et finissent par se rater
nous marchons sur des trottoirs différents
et je remarque
bien avant que les alcools
n'achèvent leurs derniers effets
que je cheminais déjà
la main croisée

dans celle de quelqu'un d'autre

il n'y a pas eu de traumatismes
pas eu de préférences
pas eu d'intolérances
une faveur pour ma vie
tout ceci
me dis-je souvent
dans une enfance saignante
je n'aurais rien eu à quoi me raccrocher
et alors j'aurais sombré
en laissant les veines se vider

AUX BAINS

QUE J'AI PARFUMÉS

DE LAVANDE

D'YLANG-YLANG

ET DE

pelo

j'ai façonné
quelqu'un que je n'aime pas spécialement
une sorte de personnage que je sors
comme on sortirait une carte à jouer
car elle est avantageuse
car elle va vous sauver la mise
alors je sortais cette fille inventée
pas bien méchante
pas bien arrogante
une fille

                        au milieu

qui n'effleure aucun extrême
qui s'accorde à rester
dans le confort né de la neutralité
et j'y restais aisément des heures
en communauté
étranglée par des arrières pensées
docilement tues

je m'interroge sur ces larmes tues
jamais vues
pour la plupart inconnues
je me demande
ces larmes
seront-elles éternellement
essuyées, ravalées puis
oubliées
dans des regards renonçant à traverser
l'origine de leur arrivée

j'apprends plus de mes heurts
que de mes erreurs
et je suis toujours éblouie
par la couleur d'une lumière
que je ne vois pas
que je ressens

marissa brugallé

S'IL Y A DES
VAGUES
IL Y A DES
émotions

la première condamnation
retenir ses larmes
subir inconsciemment
une noyade intérieure

avant de parvenir
à jeter mes propres *bouteilles à la mer*
j'ai lancé des fioles
bien trop petites
pour accueillir
l'ampleur de ce que j'avais à recevoir

fleuves   *submersions*

en haut de la falaise
j'ai peur
je ne comprends rien à la vie
je rate les coches
diffère tellement d'autrui
même mes lamentations semblent perverties
le ressac, sa brutalité
j'use de la même en vivant mes journées

à portée des lacs
je cherche mes reflets dans l'eau
je vois distinctement celles que j'ai été
mais impossible d'envisager une face future
une pièce dont on ne voit qu'un seul côté
ne vaut rien

sur la berge, j'abdique
combien de larmes ont coulé vers ces eaux
est-ce que la pluie seule les remplit
ou fais-je partie d'un groupe d'âmes
qui inlassablement se réunissent
pour se déverser
là où les vagues ne savent exister

je suis la cause et l'effet
le nombril des êtres imparfaits
le plus lointain de vos secrets
l'émotion mal placée
qui continuellement renaît
la seconde la plus calme d'une éruption
la tempête qui n'émet aucun son
le sol qui fait trembler la raison
et le sable
d'une rive abandonnée
celle qui accueille, qui contient la marée
toutes les avalanches du cœur
ses saisons, son odeur

    la cause -*mes peurs*
    l'effet -*mes pleurs*

je porte les émotions du monde
ne m'en voulez pas de ressentir
il me faut du temps
pour revenir en mon centre
dès lors que j'accèderais aux miennes
et seulement *les miennes*
je cesserai de m'illustrer
en catastrophe naturelle

le son des vagues
lors d'un tête-à-tête
avec une rive déserte
qui a mes traits de visage
me fait doublement ressentir les rochers sous moi
les branches des arbres embrassant le sable
toutes les stabilités que je voudrais voir
transpercer ma peau
venir me toucher
inflexible à ce fait
que pour cette douleur-là
je ne cillerai pas
mais voilà
m'emparer des subtilités de la nature
relève du songe
leur authenticité m'émerveille
j'aimerais me remplir
de tout ce qui existe dans la nature
les vagues
la roche
les troncs
l'air qui fouette mon visage
l'air est si proche
j'aimerais me remplir
il y a tellement de vide
comment s'en départir

pendant de longs mois
j'ai tempéré ma colère
recouverte à la chaux
j'ai cherché à tuer une émotion cardinale
nécessaire
et propre à l'homme
une colère jamais explosée
et que je cachais
par des sourires -*combien de faux sourires*
j'ai le visage tordu
la colère ne meurt pas
la colère
c'est la décompression
la colère
c'est la grande manifestation
l'œil de la libération
au même titre que les larmes
la colère nettoie
tant qu'elle n'est pas invoquée injustement
tant qu'elle n'est pas
déversée
pour châtier cruellement

ma colère m'a donné un aplomb
ma colère
une mutation
au service de mon cœur

mon corps souffre encore
de mon propre abandon
quand les signes
m'ont montré que plus rien ne suivait
hormis cette tête pensante
directrice de toute une bâtisse en ruine
il a fallu se faire à l'idée
que je n'étais plus capable de rien
même si je le voulais
même si je me forçais

à regarder ailleurs

pour vous
je ne ressens plus que ce rien
qu'on ne peut plus modeler
qui n'est même pas transformable
qui a fini de transpirer une déception
que l'ego
le gain
et la manipulation
aveuglent

pour vous
plus rien

de la tristesse à la colère
de la frustration à l'incompréhension
de la bassesse de ma gentillesse
à l'insurrection pour me rappeler à mon nom
rien
et vous l'avez noircie
la couleur du vide
en regardant *aveuglément*
dans votre direction

QUAND LA RIVE
PEINE À RECEVOIR
la mer
ELLE NE PEUT QUE
S'ASSÉCHER

que pouvais-je faire à part laisser passer
l'émotion qui crève dans ma gorge
qui fuit, qui siffle – *une autre arrive*
c'est bien la même -*muée*
plus virulente, plus stridente
et punitive
je succombe à cette lourdeur d'être
le sommeil prend le relais

je n'ai rien vécu
il me semble avoir traversé mille vies
mille déceptions, mille illusions
ce poids se compte en larmes
ces inondations
c'est l'encre d'un contrat signé
la seule qui puisse dessiner
une once de liberté

il me donne
des envies de croire
que parfois la vie
c'est prendre la tasse
et choisir de la remplir d'eau douce

j'ai éprouvé des souffrances
à subir l'irrespect des inconscients
car mon nom
mon physique
et ma personne
ont bien été balancés dans un seau ménager
comme s'il était utile
de m'essuyer à mon environnement
comme si c'était la place des autres
de pointer
l'impureté ambulante
ces choses sales
que je semblais refléter

        une sale tête
        un sale prénom
        une sale existence

que va-t-elle en faire de sa vulgaire existence

la tête sous le lampadaire
ça chauffe beaucoup
je ferme les yeux
contiens l'eau
couvrant les sons que je produis
je simule une fièvre
que depuis des jours
je sens s'insinuer, saisir mes dernières forces
cette fièvre-là
veut en finir avec moi
je ne peux plus les voir
ces visages
leurs mots
qui amplifient mes maux
je simulerai le temps qu'il faudra

c'était ça
ou s'essayer à disparaître

*ciel
je te livre mes échecs
et imploré
tu te demandes
combien d'étoiles vont encore se faire incendier
à cause de vœux non exaucés*

c'est la dernière année de lycée
à une soirée d'anniversaire
je découvre que des boissons
aussi claires que de l'eau
peuvent causer des écarts de conscience
je deviens alors
quelqu'un que je n'ai jamais rencontré

douloureux soirs
j'ai forcé vos venues
pour le seul contrôle que j'avais
sur des émotions qui

> *s'invitaient*
> *débordaient*
> *m'alourdissaient*

douloureux soirs
vous avez porté mon noir
jusqu'à ce que le miroir
devienne
révélateur d'espoir

sans trop y croire
j'essaie des prières
des vœux
et des adieux
je me condamne au pire
teste pour moins ressentir
et je dégringole

non loin de moi
dans la rigole
l'eau remonte
de vieilles affres aussi

mais qu'ai-je accompli

ça fait encore mal de penser
que les murs sont toujours érigés
que les puits me font signe
que les forteresses les imitent

je débute cette adolescence
pleine d'espoirs
j'en tremble
je regarde loin avec mes prières
mes vœux, mes adieux à l'enfant
et je manque la première marche
parce que je voulais la sauter
à cloche-pied

monstres en main
j'ai laissé les ombres glisser au fond de moi
m'ensevelir de délires
car j'ai encensé mes doutes
les monstres ont eu de quoi parler plus **fort**
et j'avais les oreilles grandes ouvertes
et j'avais le cœur en miettes
la course *contre les monstres*
je ne l'ai amorcée que bien après
n'y ait mis la rage que longtemps après
comment savoir que j'affrontais des monstres
aux sourires si abstraits
imparfaits *-et résolument surfaits*

la part de gentillesse
c'est celle d'un gâteau empoisonné
offerte
pour soudoyer dans l'ombre

je ne vous ai jamais vu dans la lumière
car vous ne brillez pas
vous dansez
avec l'Incendie

ENTRE LES LARMES
UNE DEUXIÈME
HISTOIRE
qui peut la
lire

oui
j'ai erré sur des visages pour mon propre égoïsme
pour encenser mon semblant de narcissisme
pour que l'on soulève
et que l'on soutienne
la beauté de la femme
l'intelligence de cette même femme
et sa rareté

oui
j'ai erré dans des conversations
à moitié présente
à moitié vivante
pour dissoudre le souci de solitude
pas encore comblé
encore mal conscientisé

oui
j'ai erré pendant des nuits sur-prolongées
où je n'avais rien à faire d'autre
qu'à attendre le prochain compliment
et faire comme si je ne le cherchais pas
désespérément

dans mon regard
il ont erré eux aussi
mais là où j'ai ressenti l'errance démesurée
c'est dans ces dialogues une fois l'un rentré
et l'autre allongé
face à la réalisation gelée
que nous ne nous rejoindrons plus jamais ailleurs
que dans un endroit
où nous n'avons pas choisi d'être

ces nuits
où le cauchemar
sévit avant la rêverie

je n'ai pas tout de suite demandé
ce qui n'allait pas
en fait je n'ai pas cherché
à percer *l'adversaire* de cette petite
je voulais colmater
cacher sous la surface
dissimuler avec audace
sa grande peine
sa grande haine
d'elle-même
je ne comprenais pas sa posture
une petite
lambda
sans grêle apparente sous les yeux
sans troubles incrustés à part ceux
qui ne se racontent pas
qui n'existent dans aucun langage
et qui cloisonnent dès le plus jeune âge
je n'ai pas demandé à cette enfant
d'où lui venait cet inconfort de vie
comme si le corps était trop à l'étroit *pour l'âme*
ou trop dense et qu'elle s'y perdait
à mesure qu'elle grandit
elle voit bien que quelque chose cloche
qu'une douleur reste, l'amoche
et elle ne sait pas à quand ça remonte
et elle abhorre sa vie, en a honte
comment se défaire
de ces résidus impalpables
avoir souffert si fort, si fort
que l'on trimballe à en mourir
la mémoire d'agonies
de torts et d'infamies
dont on a aucun souvenir

je me suis lavée
avec le moins bon et le mauvais
la chaleur de vicieuses entités
entretenues par le cumul des années
j'ai souffert -*j'ai caressé ma souffrance*
consolidé mon manque de confiance
et dans mes intempérances
cherché une lueur, *une pauvre espérance*

de quelle émotion se drape-t-on
lorsque les larmes n'émettent plus aucun son

des silences
je n'ai parlé
qu'avec les aurores sur lesquelles
je désirais voguer

il fallait s'occuper des jours
rééquilibrer les nuits de vingt-quatre heures
avec les jours

aux quatre murs
j'implorais donc

que reviennent les jours
que s'infiltrent les jours
je n'ai pas le caprice
de vouloir un soleil quotidien
mais juste un brin de lumière
une éclaircie fugace
quelque chose bon sang
du brillant, du vivant, un calmant
j'ai tellement mal
faites quelque chose
le soleil ne peut pas **briller noir**
en été

et il l'a fait

et je lui en ai voulu
pour ces nuits
où le rêve
les étoiles
et la trêve
appartenaient
à l'Incendie

j'aurais préféré dire
qu'un garçon m'a brisée
pour justifier une telle médisance
une telle méfiance
de la proximité du masculin
à un âge où
ni la masculinité, ni la féminité
n'a encore pleinement sa place chez moi
ou chez les jeunes autour

dire
que le cœur s'est éclaté
à cause d'un seul -*c'est l'excuse parfaite*

    et ce n'est jamais arrivé

penser des relations
avec les garçons
dès le départ
provoquait une aversion
pas de ces aversions patriarcales
je ne voulais juste pas leur laisser de quoi me blesser
l'inattention -*mon inattention*
où se glisse une manipulation
élancée vers ma perte
pour trop de morceaux à ramasser
pour trop de noms à exécrer

    et ce n'est jamais arrivé

parce qu'avant de les côtoyer
je portais cette balafre
cette tâche de naissance collée à l'âme
et qui a coulé
et qui s'est déformée
et qui s'est évaporée

longtemps, j'ai scandé en moi-même
aucun d'eux ne me touchera
pour tout ce qu'ils m'ont fait traverser avant

il y a des jours entiers de ma vie
dont je n'ai pas souvenir
au-delà de l'inconscience de commencer à vivre
j'exprime là
le mal
de *s'être perdu en vivant*
car ces jours
je les ai bien perdus dans ces moments d'absence
où le silence était ma seule résidence
un silence mortuaire
quelque chose mourait bien à l'intérieur
et un silence indolore
pour tout ce que pouvait ressentir mon corps
je retenais
il fallait libérer
et je contenais
car j'avais peur de perdre encore
de laisser quelque chose fuiter encore
il fallait garder
garder jusqu'au dernier débordement
ce débordement ultime

un jour dont je me souviens bien
toutes les respirations valsaient avec les pleurs
dans une frénésie agonisante
et je me suis demandée
si je pouvais mourir desséchée
en perdant toutes mes larmes

COMME UN POISON
DANS L'EAU,
ME VOILÀ INCAPABLE
DE REMONTER
à la surface

je me rappelle avoir couru jusqu'au rivage
tous les soirs
vers le même rivage
vers notre rendez-vous secret
à la mer et moi
je me rappelle des soirs
mais nullement du nombre de soirs
quand on fait naufrage
on perd la notion du temps
je me rappelle ma solennelle léthargie
et le vivant de la mer
son langage, sa puissance, sa solide présence
une mer
un rocher
et mes heurts
déposés à l'eau
je me rappelle lui avoir parlé en regards
et les yeux ont dit :

mer,
j'ai souffert
quelque part où je ne cherchais que mon bien
j'ai mal de maux récoltés, ankylosées
qui voutent mon dos
qui glacent ma conscience
et qui submergent ma vie
mer,
où me suis-je trompée
qu'est-ce que j'ai mal vu, mal fait
si dès le départ
j'avais la vision troublée
étais-je inondée

à la mer
j'ai rendu des eaux
tout le sel abrasif dans mes yeux

adolescente
je voulais être leur île
et leur cyclone
et j'ai voué un culte
à une *femme fatale*ment vénéneuse

que je ne suis jamais devenue

l'irréparable
ignorer ce que l'on ressent
se persuader que l'on se ment
passer à côté
de sa chance

d'aimer
et d'être aimé

il faut comprendre
que je suis née destituée d'amour
non qu'il y en a manqué au sein du foyer
ou pour ma personne
j'étais sordidement
réfractaire à ça
fermée à toute forme d'amour
rien
entre le soin apporté lors d'une grippe
les cadeaux d'anniversaire
ou le regard d'une mère
ne me faisait ressentir d'amour

ni l'amour des autres
ni le mien
rien

au fond de moi
je grandis donc comme une égoïste

vous devez me comprendre, me considérer
me donner de l'attention
pour qu'un jour
peut-être
je parvienne à recevoir
je vous en demande trop
car dans ce trop
je me dis qu'il y en aura peut-être assez
pour m'en faire goûter une pincée

dans l'excès
s'essouffle une prière funèbre
cherchant à enterrer celle que je suis

je demande l'accès à une âme
jusque-là close
à une âme
débordant d'un amour trop lointain
pour l'approcher d'un baiser
d'un corps imbriqué

si ça crie d'hypocrisie
ça doit disparaître de ma vue
j'ai assez de tourments collés à l'enfant
pour envenimer l'adulte de panoramas décadents
si ce ne sont pas des mots
ce sont des scènes
des spectacles
où ils ignorent même
qu'ils jouent la comédie

qui a mis les masques
ils ne savent plus les enlever

*il m'a semblé
que l'océan parlait avec la rive
et que l'ampoule du phare
leur coupait la parole
pour inviter
l'homme
à venir
rajouter son grain de sel*

certaines matinées
ne s'est levé
qu'un esprit angoissé
alerté
par la seule pensée
d'exister

qui l'a entraîné à l'angoisse cet esprit
vous, moi
qu'avons-nous produit
dans l'indifférence, *vous avez consenti*

à leur vue
je n'ai jamais rougi
je n'ai fait que *bleuir du cœur*
comme si je m'infligeais des flagellations invisibles
à simplement être sous leurs yeux
je ne me suis que trop tard avouée
que je détestais tout
ces errances violettes
ces verres troubles
trop de fois resservis
et violets eux aussi

ces mains qui se posent sur toi
pour que tu te souviennes que c'est
donnant-donnant
et puis tu abandonneras beaucoup plus que toi
tu essaieras pour voir
tu ne le voulais même pas
et tu te tracasseras
sur le pont menant à la nouvelle décennie
plusieurs fois tu tangueras
et les questions bourdonneront

de dix-neuf à vingt
on peint des lendemains
de coloris indistincts

vraiment

moi je le faisais
moi je m'alimentais
d'une *drogue de l'instantanée*
croire que l'on peut flirter avec le masculin
uniquement quand les verres sont pleins

les aveux que j'ai fait aux lacs
ils ne les ont pas fait déborder
les vents s'en sont occupés
les vents les ont emportés
les ont confiés aux pluies
pour que celles-ci
s'abattent sur moi
arrosent
de quoi concrétiser les rêves
endormis dans ma tête

un soir
seule
à bonne distance du rocher
j'ai contracté le *sublime*
alors que l'île vivait une énième tempête
et que je n'en ressentais plus aucune
en moi-même

la mer   *purification*

*il existe des côtes
rocheuses
sablonneuses
magmatiques
plus familières
et d'autant plus accueillantes
que des bras ouverts
trop vite refermés sur vous
pour vous immobiliser*

alors que je dégringole
abattue par les circonstances
et leurs expériences
je ne sais pas encore ce que je respire
mais j'entends l'histoire sans paroles
qui s'annonce
au fond de mon être
elle ne dit encore rien
ou son langage m'est inaudible
pourtant
il me semble comprendre instinctivement
ces quelques mots exaltants
tu ne seras plus jamais la même

vous m'avez demandé comment j'allais
et je vous ai menti
en fait j'aurais dit
que j'ai le cœur troué comme du gruyère
et puis non, je ne l'aurais pas formulé ainsi
j'aurais réfléchi
au nom de ma poésie, j'aurais dit
que j'ai le cœur semblable à la lune
plein de crevasses qu'on n'a pas vu venir
qu'on n'a pas pu prévenir
et qu'on ignore même comment aplanir
j'aurais dit que c'est dingue
de se darder d'espoir
de s'y accrocher
de se trimballer avec la lune dans la poitrine
amputée de son halo d'or
blessée et là *encore*
une lune qui ne connaît plus aucun cycle
qu'un mensonge qui donne à croire
qu'elle brille toujours dans le noir

j'allais comme la lune

de soleil
tes doigts se nacrent
de part et d'autre de ma peau
et d'orange
s'habille mon ciel
alors que nos lèvres se touchent
et que je ne me situe plus
entre le jour et la nuit

tu t'empares du temps
dans tes proximités
tu m'invites au présent

la ronde des flammes

marissa brugallé

ne m'en veux pas
de ne pas écrire autant sur toi
toi
je te garde
pour ce que les mots valent
tu n'en représentes pas la moitié

pour t'écrire
je dois me détourner des moyens de la création

te signifier dans un langage parlé
c'est passer à côté de ton essence
minimiser *ton importance*

ne m'en veux pas

tu sais
il te suffit de te balader dans mon regard
pour que les termes justes jaillissent
tu te reconnaîtras aisément dedans
tu as le même que moi

depuis peu
je retrouve
la mer dans le ciel

j'oublie la plage
j'oublie ses rouages
l'air salin
lui
semble bien loin

j'atteins un autre reflet
le même, et abstrait

dans ce miroir
un nuage passe
un nuage
déguisé en voilier

je te dois *le miracle*
l'initiation à l'amour

                                              le mien

le tien

                  le nôtre

j'étais très mal partie
enclavée au possible
enracinée dans des ténèbres
plus puissants que moi
comment a pu faire un regard aussi verdoyant
pour appeler sans mot dire

l'amour, le Tout

jusque-là
enfoui dans l'inconscient

une centaine de fois
j'ai fait le tour de mon cœur

que reste-t-il d'un cœur qui ne fait que se méprendre

pendant mes tours
j'ai saisi des mains destituées d'amour
je n'en avais pas moi-même

on prend différents chemins
on emprunte des courants plus sûrs

j'ai fait le tour de ce cœur
décidée à ne plus y entrer
s'il bat, il combat
est-il déjà armé

y pénétrer en le voulant
c'est reconnaître *l'occupant*
le flanc qui manque à mes nuits
l'Unique, mon énergie

je t'aime dans la durée
des matins plus froids que les autres
là où le gèle se dissipe
tout juste après la veille
le midi que je passe
à me demander *si tu me ressens*
et cette soirée à braver la fatigue
pour finalement
m'abandonner
m'aérer

tu promulgues un air d'une rareté
un amour *d'une longévité*
je ne me sens pas toujours digne d'y goûter

je dois confesser
avec toi
je passerai des nuits ensoleillées
à me baigner dans l'infinité

tu es d'un or
que l'on brode sur les peaux
tu m'élèves au-delà du temps

je suis arrivée
là où je me suis le plus redoutée
à tant l'avoir cherchée
à tant l'avoir appelée
l'heure
est à la femme unifiée
je m'envahis
de ce que ressent une femme
qui *savait* son bon moment
et qui inconsciemment
s'est portée jusqu'à le vivre vraiment
ce bon moment
danser en slow
avec la création
avec la justesse de sa partition
et s'enivrer de ses flots
la contemplation pérenne
d'une vie désormais sienne

DANS CE QUI PART

a' la dérive

JE NE VOIS RIEN

QUE JE REGRETTE

confessions tardives

dans une semaine
je serai sur l'île qui a porté mes aïeuls
qui m'apportera forcément
j'ai beaucoup d'interrogations
sur ce moment-là de ma vie
malgré que je sois convaincue qu'il survient
au moment
où j'en ai le plus besoin
le vol ne me fait pas peur
la culture
la rencontre de certains proches non plus
ce qui anime les petites angoisses
c'est tout ce à quoi je n'ai pas réfléchi
et qui peut me frapper fiévreusement
cette fièvre enracinée
celle de nos gênes
celle qui trouble nos futiles quotidiens
la fièvre des gens d'avant
que je ne connais pas
alors je n'y réfléchirai pas plus que ça
je prendrai mon expérience pour ce qu'elle est
je prendrai l'île des aïeuls, tous ses aspects
j'essaierai

en vérité
je ne sais pas faire ça
regarder mon ego tirer une chaise
et m'asseoir dans l'illusion
une protection de pacotille
une strangulation

je ne regarde plus les radeaux
qui ne m'apportent qu'une semi-tranquillité
qu'un moment temporaire de sûreté
ces radeaux, *des torses,* dont j'étais la naufragée

qui cherche de quoi s'occuper
trouve un corps à explorer

qui a déjà vu une proue sur un radeau
qui a déjà rencontré le capitaine d'un radeau
qui se vante d'en être un
où sont-ils tous, je n'en vois aucun

ce qu'il y avait de solide
je ne pouvais rien en faire
j'amarre

de retour à ma terre
j'observe attentivement
plus aucun radeau ne demeure à quai
dans l'eau, seul répond mon reflet

si nos chemins se séparent
alors que tu penses à moi
et que je pense à toi *aussi*

                                                qui part

que signifient les départs
de cœurs
qui n'ont pas bougé

        quand allons-nous entendre leur conversation
        faut-il se rapprocher pour percevoir les sons

il faut le dire
quand le cœur palpite dans la gorge
et qu'on entend des battements sur des lèvres
qui tressaillent
il faut le dire
à quel point l'on aime
et puis *le redire*
jusqu'à ce que le cœur redescende
jusqu'à ce que le cœur batte de nouveau *à sa place*
pour que les bouches puissent offrir au verbe
une nouvelle conjugaison
d'autres terminaisons

aux souvenirs des dessins
que je porte sur des mains
où ne coulent désormais plus que de l'encre

la souffrance a fini de circuler
elle poursuit son chemin
vers l'abandon

eaux doubles

le contact de ta peau ne m'a jamais éraflé
même quand je tanguais
même quand j'en doutais
ta peau
a diligemment recueilli mon sel
tes silences
se sont révélés être
mes plus belles symphonies
des fragments de chants intérieurs
qu'aucune voix ne saurait s'approprier
et tous les éléments d'un passé altéré
dont les souvenirs s'étiolent

car je peux essayer
creuser jusqu'à m'épuiser
le résultat tombe
j'ai seulement vent
de ce que je ressens
cet écoulement
ce qui ne s'écrit pas
qui ne s'improvise pas
mais qui vibre haut
et qui allume l'âme
du même feu
que le soleil réchauffe les peaux
avant d'aller embrasser
un autre hémisphère

auprès de la source de chaleur
ne peut que se dénuder que le cœur

JE NE CHERCHERAI
JAMAIS À
DOMPTER DES FLOTS
QUE JE VEUX
comprendre

je ne sais pas vous dire
combien de temps ça prend
de développer
une indulgence envers soi-même
envers des actions irréfléchies
envers des poussées d'égo indisciplinées
et envers ce leurre
vivre en pensant
que c'est là notre personnalité
qu'il n'y a pas matière à changer
parce que c'est trop tard
parce que je suis *comme ça*
mais est-ce bon de vivre *comme ça*
est-ce que l'on se sent bien à vivre *comme ça*
n'existe-t-il pas une vie
où l'Incendie reste à distance
une vie
où l'on se responsabilise
on s'aime suffisamment pour se dire
qu'il faut le tenter
se parfumer de tolérance, *essayer*
pour ce moment presque théophanique
où se faufile
la grâce
de n'être rien d'autre
qu'en soi

t'aimer
c'est tomber dans l'invisible
plus que dans l'inconnu

car je t'ai assurément connu
là où les apparences ne veulent rien dire
et j'ai cheminé en contrastes jusqu'à m'en souvenir

t'aimer
n'a jamais signifié tomber
depuis le commencement
il a été question de me *rappeler*

ils sont encore bien lucides les soirs
où je sortais
à la recherche d'une lune
que j'aurais regardée
et qui m'aurait accueillie
une lune
dont certaines nuits me refusaient l'accès
seul le noir s'offrait à moi
gracieusement
dans ces absences
je manquais de souffle
je respirais mal
profondément certaine
que pleine de mes déplorations
la lune partait finir son cycle
pour revenir nouvelle
prête à recevoir
un autre
de mes chapelets de lamentations

à la fin du sentier
entre les géants
les rochers
j'ai cueilli la mer
et au milieu
l'évidence
l'Unique
habillé de noir et de blanc
souriant aux marées et aux vents

        et j'aurais pu saisir d'autres tableaux
        et j'aurais bu la nature, toute son eau

et je n'ai rien fait d'autre
que trouver le tableau plus beau
une fois que tu t'es invité en son centre
à célébrer la mer
le vert de tes yeux
la contemplant durant l'hiver

passé minuit quelque chose luit
à la frontière de mes cils
un regard dans le miroir
et le verdict tombe
le barrage cède
l'eau connaît le chemin
ce serait facile de confondre ces eaux
en les pensant douloureuses
mais la douleur n'a rien à voir là-dedans
les pleurs font ce que les pleurs font
ils libèrent la concernée
défont des nœuds
jusque-là insoupçonnées
attendent la main qui va les essuyer
pour donner à ces mains
la force de vivre les journées à venir
avec la volonté de ne plus jamais défaillir

les larmes sont une chance
qu'elles coulent
qu'elles roulent
jusqu'à vos mains
pour alléger vos lendemains

marissa brugallé

je t'ai aimé
la première fois que je t'ai rencontré
c'est mon âme
qui a reconnu
un amour que j'ai perdu
en traversant les siècles

à l'Atlantique
j'ai confié des chagrins déverbalisés
consciente du seul fait
que personne d'autre que la force des eaux
ne pouvait entendre à ce moment précis
à quel point je brûlais
à quel point je carbonisais
de vivre des semaines d'agonie
figées dans ma poitrine
cristallisant ma tête
et combien d'autres à venir
impossible de le dire

à l'Indien
j'ai achevé de déverser tout le venin en mon sein
les bas, je n'en ferai plus rien
je les laisse sur le sable
les enivrements, je n'en cherche plus aucun
je les laisse sur le sable
la déréalisation, l'angoisse
la perdition, l'idolâtrie
la déraison, le manque de confiance
et la surtension
j'abandonne tout *sur le sable*
et je souhaite dans mon dos
que l'océan emporte ces fardeaux
et dissolve, anéantisse *par les eaux*

seule la force des eaux
pouvait contrer l'Incendie
ce mal invisible
qui me parcourait
les jours, les nuits

l'amour porte si haut
lorsqu'il est là
il ne se questionne pas
il n'est pas sujet à débat
il y en a
ou il n'y en a pas
il n'arrive pas par la formulation d'un souhait
il existe
préside votre être, le revêt
vous ne pourrez jamais le commander
et jamais le voir livré
s'il a existé
pour ce qu'il a été
il vivra *éternellement*

existe-t-il
dans mon cœur
des battements
qui ne chantent pas pour toi

mon cœur qui bat
me rappelle à une vie
qui me crie au visage
que je suis désarmée
si jeune
et déjà épuisée par un travail
comment ai-je pu autant me piétiner
si jeune
et courbée par l'effort
de l'investissement
j'ai fait fuiter mon énergie
m'assiégeant d'angoisses, d'insomnies
pour des yeux
dénués de reconnaissance

~~la limite intracée~~

mon cœur qui bat
me crie au visage
que ma vie nécessite d'autres armes
une armada cachée au fond de moi
qu'il me faudra chercher et rassembler
à force de résilience
de jours noirs
et d'autres plus flamboyants
d'expériences choisies
pour réunifier cet être soutenu
par un cœur
qui a fini de se laisser abattre

De la Roche Qui Pleure
au Grand Langoustier
de la Baie des Fourmis
et jusqu'à Camaret
les oiseaux ont volé

parlez-moi
d'océans
CES TABLEAUX
MOUVANTS
QUI NE COÛTENT
RIEN

eaux doubles

les voilà arrivés ces soirs
où je me suffis à ce peu
ces gorgées stabilisées
où ma conscience reste claire
et que les liquides
ne fardent plus mes intempérances

il faut passer par des nuits tumultueuses
bordées de larmes
couchées à l'encre noire
et s'en souvenir
aux matins des réveils
pour offrir aux prochains sommeils
de quoi se reposer

très récemment
je force de nouvelles conceptions
le vécu des autres
est seulement le vécu des autres
je me le répète
je l'intègre
ce que je prends du passé des gens
c'est ce qui va me servir
servir mon potentiel d'être humain
et seulement ça
c'est terminé
de s'empoisonner avec des doutes
qui n'ont rien à voir avec ce que j'expérimente
et qui véritablement
mentent

je *sais* cet amour
comme *on se sait* vivant
créature du sensible traversant les éléments
je *sais* cet amour
comme *on se sait* respirer
même quand la force fuit
même quand l'inconscient agit
cet amour
je le suis
il est de l'ordre de ces connaissances enfouies
qui renversent et échappent
à l'entendement d'autrui

unique

le confluent *au double*

poème

au confluent, je rencontre une personne qui vit au fond de moi

elle navigue, me traverse avec soin, orne mes ressentis, les fait siens

ça vibre en mon sein, parcourt mes lendemains et vient et puis *revient*

je n'arrive pas à taire son tempo, ni aucun de ses mots, sa voix porte si haut

au confluent, j'entends

pas de vagues dans la mer, mais quelque chose de changé dans l'air

je me concentre

si j'ai voulu éteindre la présence, cadenasser l'absence et distiller mon manque de tempérance
ici s'arrête l'errance
il n'y a que là que j'entre
au confluent, c'est évident
ô l'évidence
la même des premiers jours, la même, *comment oublier l'amour*
pour défigurer mes sentiments, j'ai teinté mes nuits de déni, mes journées *de nuit*
avec avidité, j'ai cherché à colmater l'ennui, me baratiner de *c'est fini*
et le vouloir, *y croire*, il ne restait plus qu'à y croire

car oui c'est fini, de déambuler dans cette géhenne qui n'est pas mienne
de gésir dans cette rengaine qui vrille l'obscène
c'est fini, j'ai prié et affronté, vaincu et attendu, *c'est fini*
de s'abreuver d'insatisfaits, de flirter avec l'irrespect, de tester la palette des regrets
de se contenter d'une fausse masculinité, de s'accessoiriser quand je demande complémentarité
de s'aimer à moitié, de vriller et recommencer
de s'alimenter des pires insanités, de batailler dans l'animosité
de mourir pour un demi-sourire, de s'efforcer et puis souffrir, toujours trop se détruire, et finir par se haïr

eaux doubles

un pied dans l'eau, dans la baignoire où il fait chaud
l'âme rougie
les bougies, c'est seulement par envie
je commence le voyage, j'atteins les premiers rivages
je revisite les eaux
dans lesquelles je n'ai fait aucun saut
des étangs où j'ai pleuré
du lac qui m'a transcendée
des rives méditerranéennes que j'ai embrassées
et jusqu'aux côtes mauriciennes que j'ai contemplées

au confluent, j'invite le temps
à défiler sans me consumer
à m'abreuver de toutes mes vérités
au confluent, pulse mon sang
je m'offre ce vide, *le commencement*
si je suis morte, je suis le présent
comment mourir en étant vivant
de tout ce que j'ai vécu avant
je ne garde que ce que je ressens
tout ce que je n'arrive pas à m'enlever
ce que les années ont achevé d'effacer
ces frasques, ces bévues roncières
laisser du temps, essayer les instants au détriment
des instincts
il faut voir, il faut savoir, il faut prolonger les soirs
se faire affluent ne dure jamais éternellement

j'ai évolué en eaux troubles
indisposée à recevoir mon double

au confluent, je rencontre une personne qui vit en moi
et je la laisse me guider, là où je peux mieux me retrouver
et je la laisse m'apprendre tout ce que je voulais me prendre
et je suis son mouvement, *je suis* son mouvement
sortir du courant ne m'est pas permis
quand l'amour guide, le cœur réagit
plus rien ne peut plus se nombrer
plus rien ne tourne comme à l'accoutumée
des années d'initiation et voilà s'approcher
le reflet, *le vrai*

ma bouteille sur le sable

Merci à ma famille, mes amis, *à toi*.

Que ces poèmes aient pu circuler en vous, de la même façon qu'ils ont coulé de mes mains.